वसन्त सकरगाए

वसन्त सकरगाए का जन्म 2 फ़रवरी, 1960 (वसंत पंचमी) को हरसूद (अब जलमग्न), जिला खंडवा, मध्य प्रदेश में हुआ।

उनकी प्रमुख कृतियाँ हैं—'निगहबानी में फूल', 'पखेरु जानते हैं', 'काग़ज़ पर आग' (कविता-संग्रह); 'सुद में हरसूद' (कथेतर गद्य)।

'पखेरु जानते हैं' संग्रह की 'एक सन्दर्भ : भोपाल गैसकांड' शीर्षक कविता जैन सम्भाव्य विश्वविद्यालय, बेंगलुरू द्वारा स्नातक पाठ्यक्रम (2020-24) में शामिल की गई है। बाल कविता 'धूप की सन्दूक' केरल राज्य के माध्यमिक कक्षाओं के पाठ्यक्रम में शामिल है।

उन्हें म.प्र. साहित्य अकादमी के 'दुष्यन्त कुमार सम्मान', म.प्र. साहित्य सम्मेलन के 'वागीश्वरी सम्मान', 'शिवना प्रकाशन अन्तरराष्ट्रीय कविता सम्मान' तथा अखिल भारतीय भाषा साहित्य सम्मेलन द्वारा साहित्यिक पत्रकारिता के लिए 'संवादश्री' सम्मान से सम्मानित किया गया है।

ई-मेल : vasantsakargaye@gmail.com

काग़ज़ पर आग

वसन्त सकरगाए

राधाकृष्ण पेपरबैक्स

राधाकृष्ण पेपरबैक्स में
पहला संस्करण : 2023

राधाकृष्ण पेपरबैक्स : उत्कृष्ट साहित्य के जनसुलभ संस्करण

राधाकृष्ण प्रकाशन प्रा. लि.
जी-17, जगतपुरी, दिल्ली-110 051
द्वारा प्रकाशित

शाखाएँ : अशोक राजपथ, साइंस कॉलेज के सामने, पटना-800 006
पहली मंजिल, दरबारी बिल्डिंग, महात्मा गांधी मार्ग, प्रयागराज-211 001
1, अनमोल सोराबजी संतुक लेन, धोबी तलाव, मरीन लाइंस, मुम्बई-400 002

वेबसाइट : www.radhakrishnaprakashan.com
ई-मेल : info@radhakrishnaprakashan.com

विकास कम्प्यूटर एंड प्रिंटर्स
ट्रॉनिका सिटी-201 102
द्वारा मुद्रित

मूल्य : ₹199

KAGAZ PAR AAG
Poetry by Vasant Sakargaye

ISBN : 978-81-19092-73-4

काग़ज़ पर आग

क्रम

नाप

कितना कम हूँ मैं
आपको अब क्या बताऊँ!

न आकाश तक हाथ पहुँचते हैं
न पाताल तक पाँव

टुकुर-टुकुर देखता रहता हूँ आसमान
पाँव से कुरेदता रहता हूँ ज़मीन

मेरे नाप का कोई आदमी मिले
तो बताना मुझको

(28/07/2021)

काग़ज़ पर आग

आग वो ही लिख सकता है
जिसकी आँखों में पानी हो
ज़रूरी नहीं खीसे में माचिस का होना
लेकिन कपास-चकमक से संगत ज़रूरी है

आग वो ही लिख सकता है
जिसकी क़लम में बहता लावा हो
लेकिन यह तमीज़ भी ज़रूरी है
कि शब्द ख़ाक न कर दें काग़ज़ को
आँखों से टपके पानी, पर शब्दों की आग मद्धिम न हो
काग़ज़ भीगकर गलतान न हो

आग उगलते सूरज से जिसकी गलबहियाँ न हों
तपते भट्टे की दुहाइयाँ न हों
जिसने न झोंकी हो भाड़ कभी
न खुलनेवाली गिरह की कितनी ही गाँठें हों
बातें हों, और सिर्फ़ बातें ही बातें हों

हिम की छाती पर जो अलाव नहीं लिख सकता
काल के भाल पर जो सवाल नहीं लिख सकता
लिखने को वह कुछ भी लिख सकता है
मगर आग नहीं लिख सकता!

(21/ 01/2021)

मेरे तकिए में डाकिया रहता था

पिंजारे के पास अपना तकिया ले जाता हूँ और कहता हूँ धुन दो इसके
कपास का रेशा-रेशा
अर्से से परेशान हूँ कि कहाँ ग़ायब हो गया पता नहीं
कि इसके भीतर कभी एक डाकिया रहता था

पिंजारे की हैरत-भरी नज़रों को ख़ूब समझता हूँ
मगर बड़ा मुश्किल है अब उसे समझा पाना
कि इस तकिए से निकलकर एक डाकिया
अक्सर मेरे सपनों में आता था
पत्र-पत्रिकाओं का पुलिन्दा
स्वीकृत-अस्वीकृत रचनाओं की चिट्ठियाँ
और छपी रचनाओं का मानदेय
मनीऑर्डर फ़ॉर्म पर दस्तख़त लेकर दे जाता था
वह तो वापस चला जाता था लेकिन
उसके दिए रुपये और चिट्ठियाँ
अपने इसी तकिए के नीचे रख लेता था
और अपनी इसी ख़ुशबू में छुपकर
एक डाकिया मेरे तकिए में रह जाता था

दूसरों के सुख-दुख बाँटते-बाँटते
कभी फ़ुर्सत में होता तो अपना दुखड़ा सुनाता था
कि चढ़ना-उतरना होता है दस-दस माले
सुरसा की तरह बढ़ते इस शहर के मुँह में
उसकी हैसियत मच्छर जैसी
इस मोहल्ले में ऐसा कौन था जिसे वह नहीं जानता था
और पूरा मोहल्ला उसे जानता था
वह हर घर का पारिवारिक सदस्य होता था

ईमेल व्हाट्सएप मैसेज मैसेंजर और
ऑनलाइन पेमेंट के इस दौर में
अर्सा हुआ दिखा नहीं डाकिया
आता होगा तो सिक्यूरिटी गार्ड ले लेता है चिट्ठी-पत्री

एक डाकिया कभी मेरे तकिए में रहता था
और अक्सर मेरे सपनों में आता था

(09/10/2021)

बच्चों की पृथ्वी

बच्चों ने ही पृथ्वी को सँभाले रखा है अब तक
वरना भूगोल के पीरियड के बाद
हेडमास्टर के टेबल पर रखी होती
फटका मार रहा होता स्कूल का चपरासी
अथवा अपने अक्ष पर डोलती रहती
पल-भर में बीतते कितने ही रात-दिन
जब कोई सिने अभिनेता
ज़ोर-ज़ोर से घुमा रहा होता
किसी उलझन के बीच

कपड़ा नहीं तो कुर्ते से पोंछ रहा है और
कब से आमादा है व्यापारी
कि बिक जाए बच्चों की पृथ्वी

ये बच्चे ही हैं जिन्हें घिन नहीं हुई कभी
पास नहीं दिखा काग़ज़ का टुकड़ा हरा-सूखा पेड़ का पत्ता

तो उँगलियों से
गटर से बाहर निकाला

गोबर कुत्ते की पॉटी में लिथड़ी जब-जब उनकी पृथ्वी
कोई दौड़ा घर से ले आया लोटा-भर पानी
नल खोलकर नहलाया और किया साफ़-सुथरा
अपनी पृथ्वी के लिए बच्चों को
कभी कम न पड़ी रेत-माटी
पृथ्वी को साफ़ रखने के हर जतन किए हैं बच्चों ने

पड़ते ही नज़र कि उधड़ रही है किसी कोने से
भुला दिया टॉफ़ी-चॉकलेट का स्वाद
आपस में चन्दा किया गिड़गिड़ाए माँ-बाप के सामने
और अपनी पृथ्वी को छाती से चिपकाए
दौड़े मोची के पास

ओ, युद्धकामी वर्चस्ववादी राजाओ!
पृथ्वी को चिथड़ा-चिथड़ा करने में ख़ैर तुमने तो
छोड़ी नहीं कभी कोई कसर
तुम्हारे उपहास-अट्टहासों से नहीं
अपने इन नन्हे वारिसों की मुस्कान से
मुस्कुराती है हम सब की यह पृथ्वी

तुमने भी देखा होगा युद्ध या कर्फ़्यू में
जब सहम-थम जाती है बच्चों की पृथ्वी
चुप्पी साध लेते हैं टप्पे घूम उछल-कूद
तो ठहर जाती है हमारी पृथ्वी कैसे!

जब ठहरेगा तुम्हारा युद्धोन्माद
ख़ून-सनी और लाश-बारूद से लिथड़ी पड़ी
इस मिट्टी से बच्चे
कैसे करेंगे साफ़
अपनी पृथ्वी को!

(रूस-यूक्रेन युद्ध का समय)

जगह

पायदान पर पाँव रखा ही था और तुम लोगों ने
यह कहते हुए नहीं चढ़ने दिया बस में उसे
कि सीट ख़ाली नहीं है

हालाँकि बहुत मन्नतें की उसने
किसी से खिसकने को नहीं कहेगा थोड़ा-थोड़ा
तुम्हारी निर्धारित जगहों के बीच
कोई जगह नहीं बनाएगा अपने लिए

मुँह से मुँह मिलाकर कोई ख़लल
नहीं डालेगा तुम्हारी बातों में
बल्कि तुम्हारी सीट के ऊपर बने रैक-केबिन से
ज़रूरत होगी तुम्हें किसी चीज़ की
ज़हमत नहीं उठाने देगा हिचकोले खाते हुए
तुम्हें खड़े होने की
वह नाशुक्रा-नामुराद उम्मीद भी नहीं रखेगा
कि तुम शुक्रिया कहो एवज़ में

इसके बाद भी तुम्हें भरोसा नहीं हुआ रत्ती-भर
कि एक पक्के भरोसे की तरह
वह थाम लेगा तुम्हें और सामान तुम्हारा
जब बिगड़ रहा होगा तुम्हारा सन्तुलन
तुम गिरने को होओगे अपने किसी सहयात्री पर

पर तुम्हें लगा कि रेलिंग पकड़कर ठूँठ-सा खड़ा यह
तुम्हें देखने नहीं देगा
एक-दूसरे को

आशंकाओं से घिरी पत्नी के दिलोदिमाग़ में
आएँगे कैसे-कैसे उल्टे-सीधे ख़याल
और बच्चे बैठे होंगे दरवाज़े पर टकटकी लगाए

शायद तुम्हें नहीं पता कि यह आख़िरी बस थी
और उसे लौटना था
घर अपने!

(18/10/2021)

दग़ा

इससे पहले इस क़दर मेरे साथ दग़ा कभी नहीं हुई

बेशक लिफ़ाफ़ा देखकर मज़मून पढ़ने के उस्तादों ने
बाँच लिया मज़मून लिफ़ाफ़ा खोले बग़ैर
लेकिन बदल गया हो मज़मून
इतना फ़रेब मेरे साथ कभी नहीं हुआ

कृपया मेरी बात पर यक़ीन कीजिए, कि
मेरे आसपास की चीज़ें इस क़दर नहीं बदली थीं कभी
ज्यों की त्यों रही भाषा और अभिव्यक्ति की तमीज़
मोबाइल में दर्ज इमोजी के अर्थ
जानता हूँ भली-भाँति

लिखता हूँ जन्मदिन की बधाई-शुभकामना
भेजता हूँ सन्देश गुलदस्ता केक जलती हुई मोमबत्तियाँ
लेकिन पहुँचता है हार्दिक शोक लिखा हुआ सादर नमन
विनम्र श्रद्धांजलि
गुलदस्ता बदल जाता है पुष्पचक्र में

और रख दिया जाता है अर्थी के पाँयते
केक को गूँथकर लोइयाँ बना दी जाती हैं
और रख दी जाती हैं मृतक की मुट्ठियों में
किसी की क़ब्र पर जलने लगती हैं
जन्मदिन की मोमबत्तियाँ

इससे पहले इस क़दर मेरे साथ धोखा कभी नहीं हुआ
हो रहा है जिस क़दर इन दिनों!

(कोरोना में बिछड़े मित्र मंज़ूर एहतेशाम, महेन्द्र गगन और श्याम मुंशी को याद करते हुए)

(20/04/2021)

ग्रहण

बेशक सूरज को नीले कुर्ते पर टँका
सोने का बटन कहते हों आप
और चाँद को
छींटदार काले कुर्ते पर लगा
चाँदी का बटन

मगर मैं जानता हूँ हक़ीक़त कुछ और ही है जनाब!

सूरज बुरी तरह फँसा हुआ है दो मामलों में

एक कुँवारी लड़की से सम्बन्ध बनाना और
गर्भवती होने पर उसे छोड़ देना बेसहारा
दूसरा प्रकरण जयद्रथ वध की साज़िश में
बताया जाता है शामिल होना

अब आपको तो पता ही है अदालतों की लेट-लतीफ़ियाँ
सो सदियों से चल रहे हैं
ये दोनों प्रकरण

जिस दिन राहु दरोगा पहनाकर काला नक़ाब
सूरज को ले जाता है पेशी पर
उस समय को
सूर्यग्रहण कहते हैं

और जिस रात केतु दर्ज़ी का सिला
बुर्क़ा ओढ़कर निकलती है नाज़नीन पूर्णिमा
दीद के मारे आशिक़ों के लिए यह रात
चन्द्रग्रहण होती है!

रस्सी

आदमी होने से तो बेहतर मैं नारियल-जूट-नायलॉन की रस्सी होता

बाल्टी में बँधता कुएँ से पानी खींचता
सूखे कंठ को तृप्त करता
रहट को बाँधता खेतों को सींचता
नट मुझ पर सन्तुलन साधता करतब दिखाता
दो जून की रोटी खाता-कमाता

लोहार मुझमें चामण पिरोता
बुझती आग को हवा फाटता
पिघला देता लोहा
लेकिन मुझको ज़रा आँच ना आने देता

किसान जब बैलगाड़ी-हल जोतता
मैं अनुशासन की रास होता

हिंडोला होता तो शिशु किलकारी भरता
मुझे थामकर पींगें भरतीं

सावन के गीत गातीं स्त्रियाँ

बहुत रोता तब मैं अपने जन्म पर जब
क़र्ज़ का मारा कोई किसान जब
फाँसी के फंदे की
मुझमें गाँठ बाँधता

जैसा होता पर मनुष्य देह से बेहतर होता
मेरे पार्थिव शरीर का स्त्री सहेजती रेशा-रेशा
कूचा बनाती बासन माँजती

झर जाता गल जाता बल जाता पर
मेरी ख़ुद्दारी का बल न जाता!

(22/10/2020)

गंज

...और दूँ सर!

और पता नहीं कैसे
रफत से छूटा पड़ा कहीं अवचेतन में
अचानक प्रगट हुआ और दाख़िल हो गया
बीच वाक्य में
मैंने कहा दुकानदार से—
"नहीं-नहीं 'गंज' है इतना!"

सुनते ही ठिठक गये उसके हाथ
अपनत्व मुस्कान खिली चेहरे पर
देखने लगा अवाक् चेहरा मेरा
"कहाँ के रहनेवाले हैं सर
भुआणा, निमाड़ या मालवा?
वरना तो लोग कहते हैं;
सफिशेंट्, इटस् एनफ, पर्याप्त है इतना"

अब, जबकि धीरे-धीरे नष्ट हो रहे हैं शब्द
रिक्त हो रहे हैं भाषा-बोलियों के गंज
उजड़ रहे हैं हमारी पंक्तियों के गंज-मोहल्ले पुर और पुरी
दिन-ब-दिन भ्रष्ट हो रही है हमारी भाषा
कुछ शब्द हो चुके हैं गुमनाम
शब्दकोशों की सरहदों के पार
अब भी कुछ शब्द बचे हुए हैं
जिन्होंने बचाए रखा है हमारा लोकजीवन
जिनसे बची हुई है
हमारी भारतीयता

(19/01/2021)

उल्टे घड़े का जल

फूल-पान-सी
तासीर थी दद्दा की

इतनी आग बरसाता उंडाले का घाम
कि निमाड़ की धरती त्राहिमाम-त्राहिमाम
पुस्तक-रजिस्टरों के पुट्ठे उखड़ते
हवा झलने को चार घड़ी होता अख़बार
हाथ दुखने लगते पर नहीं थमता गमछों का घूमना

पुरुष उघाड़े-फुगाड़े पड़े रहते ओसारे-छपरियों में
चूल्हे की आँच में तपती स्त्रियों के अंग-अंग में
सुई चुभोती गुसमलियाँ*
पौ फटती नहीं कि मुँह के द्वारपाल-होंठों पर
जमने लगतीं सूखी पोपड़ी-पपड़ियाँ
जिन्हें नम रखने की जुगत में
बार-बार बाहर निकलती
खुश्क रसना

---

* घमौरियाँ

मगर दद्दा थे कि उन्हें फूटी आँख नहीं सुहाता था
मटके का शीतल जल
गर भूले से भी घूँट-दो-घूँट उतर जाता कंठ के नीचे
सुड़क-सुड़क करती नाक खों-खों करते कई-कई दिन
ऑइल-ग्रीस बिना चलता हो कोई पहिया जैसे
ऐसे घर्राता गला
उंडाले में सूख जाते नद्दी-नाले
नहीं सूखता किन्तु दद्दा की नाक का पानी
लेकिन दद्दा पीते थे मटके से ज़ियादा शीतल जल
उल्टे घड़े का जल

भर उंडाले तपती दुपहरी दद्दा नहाते थे ताते पानी से
मोटे लठ्ठे की बनियान पर मोटा खद्दर का कुर्ता
उस पर डटाते मोटी बंडी
फिर उठाते जल से लबालब ताँबे-पीतल का घड़ा
घड़े के मुँह पर बाँधते गीला कपड़ा
और आँगन में लगे नीम की
हाथ पूरती किसी डाल पर उल्टा लटका देते घड़ा

जब भी दद्दा का गला सूखता प्यास से रूखता
घड़े के मुँह पर उँगली टोंचते
तो फूटती इतनी शीतल धार कि उँगली ठंडा जाती
खोलते ही बंडी के पाँचों बटन
पसीने से तरबतर कुर्ते-बनियान को छूकर आती लू की
बदल जाती तासीर
वातानुकूलित इतनी शीतल कि सिहर जाती दद्दा की देह

अब भी शामिल हैं मेरी स्मृतियों में
बैतूल के घने जंगलों से आते और नेपानगर

काग़ज़ के कारखाने जाते बाँसों से लदे ट्रक
और उंडाले में ट्रक-ड्राइवर के दरवाज़े पर लटकी
मोटेजठ्ठ तिरपाल की
पानी की छागल

ट्रकों को देखकर बहुत ख़ुश होते दद्दा और कहते—
काग़ज़ बनेगा तो गज़ट छपेगा
फिर होगा चार घड़ी
किताब छपेगी रजिस्टर बनेगा तो बनेगा पुट्ठा
अख़बार को गज़ट कहते थे दद्दा!

फूल-पान-सी
तासीर थी दद्दा की
उल्टे घड़े का शीतल जल पीते थे

अपनी ज़मीन-माटी से जुड़े दद्दा
कुम्हार नहीं, ठठेरे के साथ खड़े रहते थे!

(02/05/2022)

कवि और आम

आषाढ़ के मेघों से घिरी यह सुबह है भोपाल की
और कवि-आलोचक अनिल त्रिपाठी
झाँक रहे हैं होटल के कमरे से
गिन रहे हैं प्रांगण में लगे
यौवन में मदमाते पूरे सात
आम के झाड़

सफ़ेदा और दशहरी का रस-माधुर्य लिये
लखनऊ से आया कवि-आलोचक
लोभ संवरण नहीं कर पाता और गंजी-पजामे में
दौड़ा चला जाता है आमवृक्षों के पास

और एक माँगने पर
होटल का कर्मचारी थमा देता है—दो आम

आलोचक तत्काल चाहता है आम का स्वाद
करना चाहता है गुठली की सीमा तक छिद्रान्वेषण
रेशा-रेशा

लेकिन कवि जानता है हुआ ऐसा तो
ख़त्म हो जाएगा आँखों का सुख
जैसे प्रेमिका को निहारते रहने की प्रक्रिया में
होता है सर्वाधिक आनन्द

टेबल पर सजाकर रखे आमों को
देखने की इसी प्रक्रिया से गुज़र रहा है कवि

और मन मसोसकर
कमरे से बाहर निकल जाता है
भीतर का आलोचक

(25/06/2022)

प्रेम में भीगा पहाड़

गुलाबी शहर के झालाना के इस छोटे पहाड़ पर
प्रेमियों ने लिखकर किया है
प्रेम का पूरा-पूरा इज़हार
पूजा आई लव यू...रेखा आई लव यू...मीना आई लव यू...

उफ़! इतना खुल्लमखुल्ला प्यार
मुमकिन होता तो लगाता पहाड़ की परकम्मा
पढ़ता और कितने ही प्रेमियों की
प्रेमिकाओं के नाम...

कितनी तो लजाई-इतरायी होंगी ये प्रेमिकाएँ
पहाड़ पर पढ़कर अपना नाम
कि पहाड़ पर फिसलन भी होती है और नीचे
मृत्यु की अंधी खाई
फिर भी उनके प्रेमी उनके नाम की ख़ातिर
चढ़े हैं यह दुर्गम पहाड़
तभी तो और गुलाबी है
गुलाबी शहर का यह छोटा-सा पहाड़

और बारिश की यह रिमझिम जैसे
गुनगुना रही है इन प्रेमिकाओं के नाम...

पता नहीं कितनी प्रेमिकाओं ने किया होगा
अपने प्रेमियों पर विश्वास
और प्रेमियों के हाथ में देकर हाथ
चढ़ी होंगी यह पहाड़...

सचमुच बहुत गुलाबी है
इस गुलाबी शहर का यह छोटा-सा पहाड़

(24/09/2022, जयपुर)

लखनऊ का घंटाघर

आसमान पर टँगा
पुलिस की संगीनों के साये में बज रहा है समय
और लोग-बाग हैं कि दे रहे हैं दुहाई
कि सही-सही समय बता रही है लखनऊ के घंटाघर की घड़ी

यह कैसा समय है कि
किशोरावस्था की दहलीज़ पर खड़े
ग़रीब, बहुत ग़रीब बच्चे
हाथों में रिमोट थामे
छोटे, बहुत छोटे बच्चों को घुमा रहे हैं टॉय कार में
हर गड्ढे-दुर्घटना से बचा रहे हैं उन्हें

क्या किशोरावस्था की दहलीज़ पर खड़े इन बच्चों का
मन नहीं करता शाम को क्रिकेट खेलने का
क्या अदब और तहज़ीब के शहर में
कोई स्कूल नहीं इनके लिए
क्या मास्साब ने इन्हें दिया नहीं गृहकार्य

अच्छा खाना अच्छा बिस्तर और क्या इन्हें
मिलता होगा माता-पिता का लाड़-दुलार

हालाँकि लोग-बाग नहीं अघाते यह कहते
कि बिलकुल ठीक-ठीक समय बताती है
लखनऊ के घंटाघर की घड़ी

(शाम-ए-अवध, 10 अक्टूबर, 2022)

डकार

मिजवान की प्रतीक्षा में आतुर
घराती घंटों खड़ा रहता था गाँव की काकड़ पर
घर के दरवाज़े पर
सिल्ला के पास रखी पानी की बाल्टी में
डूबी रहती थी नीम की डगाल
धूल-धक्कड़ खा कर आया मिजवान
जब धोता था मुँह-हाथ
घराती नहीं टूटने देता था लोटे से पानी की धार
और हाथ-मुँह पोंछने को झट्ट से देता था
काँधे पर रखा गमछा

और हाथ जोड़कर कहता था—चलिए! रसोई है तैयार
रसोई में नहीं होते थे छत्तीस पकवान
होती थी घर के बाड़े में लगी गिलकी, लौकी, बलहर,
कद्दू, भटे, मेथी-पालक-बोथी
कम से कम तेल नोन मिरच में पकी सब्जी एकाध
नहीं तो होती थी साग-भाजी
तो होती थी तुअर की सादी दाल

मरोड़ने को हरी-मिर्च अचार की कली
कच्चे प्याज की कुछ फाँकें

और होती थी चूल्हे से गरमा-गरम उतरती अकरी रोटी
खाते-खाते जिन्हें अमृत कहता था मिजवान
और मिजवान को जब तक आ ना जाए लम्बी डकार
घराती खिलाता था आग्रहपूर्वक
मिजवान का पेट भर जाता था पर
मन नहीं भरता था घराती का

मिजवान जब लौट जाता था
घराती स्त्री-बच्चों को कहता था—
"म्हारा मरणा पाछे याद राखजो म्हारी या वात
मिजवाण पाछो नि जाणू चाइजे लिया बिणा लम्बी डकार"

पत्नी-बच्चों के लिए घराती
ऐसी भी विरासत छोड़कर जाता था।

(13/02/2021)

तैनात

सर से पाँव तक घास-फूस से भरे हैं
मेरे सामने ये जो पुतले खड़े हैं

मेरी उँगलियों पर एक तीली तैनात है
माचिस के रोगन पर
सिर्फ़ एक रगड़ बाक़ी है

(28/07/2022)

शेर : पाँच शब्द-चित्र

(एक)

आदमी होता तो सुख-दुख में
आदमी का हाथ थामता
गले लगाकर
सांत्वना देता

शेर तो शेर था
पंजा मारकर
आदमी को फाड़कर
खा जाने के अलावा
और क्या करता!

(दो)

बेशक शेर था
मगर पालतू था
दिल बहलाने

दिल दहलाने
के काम आता था

सर्कस में करतब दिखाता था
कोड़े की फटकार सुनता
दुम दबाकर पिंजरे से निकल आता था
पुट्ठों के बल बैठता था
दोनों पंजे मिलाकर
दर्शकों को नमस्ते करता था
झूठ-मूठ का रोता था
पागलों-सा हँसता था
और अपने मालिकों का
ख़ज़ाना भरता था

शेर इससे अधिक हिंसक नहीं हो सकता था!

(तीन)

शेर बूढ़ा और कमज़ोर हो गया था
शिकार करने की ताक़त नहीं बची थी
शेर के पास सोने का कंगन था

शेर तरह-तरह के दिखावे करता था
शेर अपने किए पर पछताता था
शेर अपने अपराध स्वीकारता था
शेर बार-बार माफ़ी माँगता था
शेर अपना परलोक सुधारना चाहता था
शेर कंगन दान देने का वादा करता था

शिकार शेर के झाँसे में आसानी से नहीं आता था
शिकार तरह-तरह के प्रश्न करता था
शेर शिकार को बहलाना-फुसलाना जानता था
शेर प्रलोभन की जड़ता को जानता था
शेर पवित्र नदी में स्नान और उससे जुड़े अन्धविश्वास
का लाभ उठाना जानता था
शेर शिकार को दलदल में उतारने की हिकमत जानता था

दलदल के पास मानव-अस्थियों का ढेर लगा था
शेर कंगन को पंजों में दबाकर बैठा था
वहाँ से एक रास्ता हितोपदेश को जाता था
हितोपदेश चालाक शेर के जीवन
लालची ब्राह्मण की मृत्यु की कहानी सुनाता था

शेर के पास सोने का कंगन था
शेर ताक़तवर था।

(चार)

शेर बहुत प्यासा था
शेर कुएँ के पास गया था
शेर ने कुएँ में झाँका था
शेर ने शेर को देखा था

शेर को देख शेर गुर्राया था
शेर पर शेर दहाड़ा था
शेर पर टूट पड़ने को
शेर कुएँ में कूद गया था

शेर का दुश्मन शेर का प्रतिबिम्ब था!

(पाँच)

जंगल था
तो जंगल था
जंगल में शेर था
तो शेर था

शेर जंगल का राजा था
मगर जानवर था
इसलिए जंगली राज था

जंगल था तो जंगली कुत्ते थे जंगल में
चूँकि कुत्ते जंगली थे
और शेर के पालतू नहीं थे अत:
शेर के आगे
दुम नहीं हिलाते थे
बल्कि झुंड बनाकर
शेर को घेर लेते थे बाज़दफ़ा
और खदेड़कर ले जाते थे ऐसी जगह
जहाँ शेर का क़द बौना
और कुत्ते होते थे ऊँचाई पर

फिर इतना मूतते उसकी आँखों में
कि शेर अंधा हो जाता था

ज़िन्दगी की पनाह माँगता शेर
फिर मारा-मारा भागता था पूरा जंगल
और कुत्ते थे कि मारते थे दौड़ा-दौड़ाकर

सनद रहे कि
जंगलराज की स्थापना करनेवाला
इस तरह भी मरता है—
कुत्ते की मौत!
सनद रहे!
सनद रहे!!
सनद रहे!!!

(एक आदिवासी लोककथा के मुताबिक़)

कविता का अरण्य-प्रान्त

इस पृथ्वी पर
कविताओं का ऐसा भी होता है एक अरण्य-प्रान्त
बहुत शान्त
जहाँ चापलूसी की होती नहीं निदाई-गुड़ाई
जिसे खिलना हो खिलता है वैसा ही
मुमकिन है यहाँ गुलाबों की महक न हो
लेकिन होती है गुलाबों से ज़्यादा सुन्दरता

यहाँ नहीं होते
समूल-उखाड़ कटाई के चापलूस कारीगर-कारिन्दे
कृत्रिमता को सुप्राकृत सिद्ध करनेवाले अलमबरदार
न खाद, न वातानुकूलित वातावरण
कृत्रिम इत्र के बूते महकते तथाकथित गुलाब
कि हासिल कर ले कविताई नुमाइश का पहला ख़िताब

मुझे लगता है कृत्रिम इत्र के बूते महकते

इन कविताई-गुलाबों से उकताया आदमी
एक न एक दिन लौटेगा...

कि इस पृथ्वी पर उपस्थित है
कविताओं का बहुत शान्त
अरण्य-प्रान्त

(21/08/2022)

त से...

व्यंजन को स्वर में जोड़ते समय मुझसे चूक हो जाती थी अक्सर
त की नोक को डंडे से मिला देता था
लिखना तो चाहता था तरबूज मगर वरबूज लिखा जाता था

और ग़ुस्से में झल्लाये मास्साब
मेरे सर पर स्लेट-पट्टी मारते हुए पूछते थे—
"ये वरबूज क्या होता है बे!"
मैं बाक़ायदा परत-दर-परत व्याख्या करता तरबूज की—
"ऊपर से हरा मगर इतना सख़्त
पतला चाकू टूट-मुड़ जाए काटने पर
फिर भीतर सफ़ेद छोटी-सी परत
काले-काले बीज गूदा मीठा-मीठा लाल-लाल"

मेरी इस तफ़सील पर पूरी क्लास ठहाके लगाती लेकिन
वरक़े गुल मेरी हथेलियों पर इसलिए पड़ती संटियाँ
कि बताता सही हूँ
फिर तरबूज को लिखता क्यूँ ग़लत हूँ
अपने लिखे को इस तरह

कभी ग़लत साबित नहीं होने दिया मैंने
बेशक एक कवि की जन्मजात खुराफ़ात आप मान लीजिए इसे
बहरहाल, त से तरबूज तमीज़ और तहजीब पढ़ने का दौर था वो

हुक्मरानों ने कभी फ़तवा नहीं किया था जारी
कि त से तलवार और तमंचा सीखेंगे बच्चे अब से
ल से लठ्ठ नहीं, लट्टू और लड्डू पढ़ा करते थे हम
ह हलवाई का सीखा ह से हत्या नहीं
ई ईख का सीखा हमने ई से ईसाई नहीं
यानी भय नहीं भेदभाव नहीं
हमने घ घर का पढ़ा और घृ से घृत
घृणा नहीं....

अब तो ख़ैर...

(15 जनवरी, 2020)

बलत्कृत गाय

"माने गऊ रँभा रई है

अगाड़ी-पिछाड़ी सगली रात हेंचती रई
खूँटा पे सिंग मारती रई
माने साँड़ की हेर में रँभा रई है गऊ!

टुकुर-टुकुर तक रई है साँड़ का रस्ता
कि ज़ोर-ताक़त लगा के डुकारता-दुड़कता
चले आवो ओ नन्दी!
गावन होना चाह रई है गऊ

पण इ सूनसाण खेत में बँधी गऊ के जोणे
इते किते आवेगो साँड़
साँड़ तक नहीं पहुँच रई गऊ की हेर
पण साँड़ की हेर में रेह-रेह रँभा रइ है गऊ"

तब?

"ठंडागार सिलेंडर में स्टील की नली में रखी रेहवे है
साढ़े तीन सौ रुपये में मोल बिके है
साँड़ की धात

सिंग उठावेगी लात चलावेगी घूम मचावेगी आणीघाणी
बड़ा मुसकल से चार-पाँच जने के आवेगी
बस में
तब कंई डाकटर रोप लगा पावेगो
गऊ के पेट में
साँड़ की धात"

कामोत्तेजना-भरे डुकारते-दुड़कते साँड़ को
नहीं छकाया चौकड़ी भरती गाय ने किसी मैदान में
दोनों ने चखा नहीं
एक-दूसरे का काम-ऊर्जित विसर्जित मूत्र
कि लार टपकाते चूमा-चाटी के
सावन में भींगे नहीं दोनों

अब नहीं रँभा रही है गाय
मगर उदास...
आँखों से बह रही है अश्रुधार..

(30/03/2022)

बुलडोजर हमारा राष्ट्रीय यंत्र

अब, जबकि एक यंत्र
बाक़ायदा शामिल हो चुका है तथाकथित
धर्मयुद्ध के षड्यंत्र में

जैसे हमारा राष्ट्रीय पशु बाघ
जैसे हमारा राष्ट्रीय पक्षी मोर
जैसे हमारा राष्ट्रीय खेल हॉकी
तो बुलडोजर क्यों नहीं हो सकता हमारा राष्ट्रीय यंत्र!

पेट काटो और चन्दा करो
डीज़ल भरवाओ
कोने-कोने में बुलडोजर चलवाओ
बुलडोजर की राष्ट्रवादी छवि बनवाओ
नारे लगाओ कि देश
भयमुक्त हुआ है पहली बार

बस, आने ही वाला है समय
डर से काँपती थर्राती जनता को
मतदान केंद्र तक पहुँचाने का

उठाओ, सर उठाओ राष्ट्रभक्तो,
धर्म की ध्वजा लहराओ
माथे पर है चुनाव इसलिए
माँग उठाओ
कि बुलडोजर हो
राष्ट्रीय यंत्र
हमारा!

(04/05/2022)

पत्र-वापसी के लिए आवेदन-पत्र

मैं पत्र-वापसी के लिए आवेदन-पत्र लिखता हूँ
लिखता हूँ कि सेवा में, पोस्टमास्टर साहब
जहाँगीरपुरी डाकघर, दिल्ली

महोदय,
सविनय निवेदन है कि
प्रार्थी ने ख़ैर-ख़बर जानने के लिए
अपने अज़ीज़ दोस्त शकील ख़ान को लिखा पत्र
अभी-अभी आपके डाकघर की परिसर में लगे
लेटर-बॉक्स में डाला है

यह पत्र अमुक-अमुक मकान नम्बर
मोमिनपुरा वार्ड, मुक़ाम—पोस्ट बुरहानपुर, ज़िला बुरहानपुर
मध्य प्रदेश के पते पर भेजा गया है

आवेदन-पत्र में लिखता हूँ कि
श्रीमान हालात बहुत ख़राब चल रहे हैं इन दिनों
हो सकता है कि पत्र पहुँचते-पहुँचते

बुलडोजर ढहा दे शकील का घर
मोहनपुरा हो चुका हो मोमिनपुरा का नाम
बहुत मुमकिन है कि पत्र के गन्तव्य तक पहुँचते-पहुँचते
ताप्तिपुरम हो जाए बुरहानपुर

और डाकिया इस रिमार्क के साथ
कि प्राप्तकर्ता का निधन हो चुका है
कि इस नम्बर का कोई मकान नहीं है
कि इस नाम का कोई मोहल्ला नहीं है
कि कोई जगह नहीं है बुरहानपुर
अत: प्रेषक को पत्र वापस किया जाता है

और मान्यवर
इसके अलावा एक बड़ी दिक़्क़त पेश आ सकती है मेरे साथ
कि शकील के तार जोड़ दिए जाएँ किसी आतंकी गुट से और ख़ास दोस्त होने के नाते
मेरा पत्र ज़ब्त कर ले पुलिस
जाँच खड़ी की जा सकती है मेरे ख़िलाफ़

पोस्टमास्टर मेरा आवेदन-पत्र पढ़ता है और
लौटाता है यह कहकर
कि इसे दुबारा लिखिए, क्योंकि अब
जहाँगीरपुरी नहीं रहा
इस डाकघर का नाम

(18/05/2022)

कान

जानता हूँ कि तानाशाह के कानों में
जूँ नहीं रेंगती
यह भी जानता हूँ कि चीख़-पुकार की दुर्गन्ध
टकराकर बाहर फिंका जाए
कानों में इतना ठूँसा हुआ है इत्र का कपास

इसका अर्थ मगर यह तो नहीं
कि रह जाऊँ दर्द से तिलमिलाकर
और चीख़ूँ नहीं पास जाकर
तानाशाह के कानों में

देखना किसी दिन मैं
चबा जाऊँगा तानाशाह के कान

(05/06/2022)

मेरे घर छापा पड़ा

सुबह-सुबह मेरे घर छापा पड़ा
पेंशन संबंधी काग़ज़ात
गाढ़े वक़्त और बच्चों के भविष्य के लिए सावधि-जमा
पाँच-पाँच लाख के दो खातों के सिवा
क्या था मेरे पास
फिर भी कार्रवाई चली पूरा दिन सारी रात

बाक़ायदा एक चार्जशीट तैयार की गई मेरे ख़िलाफ़
निम्न बिन्दुवार—
कि मेरी जेब में मिले पाँच-पाँच सौ के नोट पूरे तीस हज़ार
जबकि मेरी मासिक पेंशन है कुल पच्चीस हज़ार
कि बायकॉट के बावजूद मेरी जेब में पाया गया फ़िल्म 'लालसिंह चड्ढा'
के शो का आधा टिकिट
जबकि मनोरंजन-कर से मुक्त मैंने देखी नहीं
'कश्मीर फ़ाइल्स'
कि मेरी किताबों की शेल्फ़ से बरामद हुआ आपत्तिजनक साहित्य
इक़बाल, फ़ैज़, मंटो, भगतसिंह की किताबें
गांधी की जीवनी, भारत एक खोज

जबकि राष्ट्रनिर्माता वीर सावरकर दीनदयाल उपाध्याय कुशाभाऊ ठाकरे की
नहीं मिली एक भी किताब

कि शीर्ष पर रखा था सूर मीरा नन्दराय का कवित्त गीता-रामायण के साथ
मगर इनमें शामिल है मुस्लिम कवि
रहीम रसखान अमीर ख़ुसरो का साहित्य

राम को लेकर मेरी सोच इसलिए सन्दिग्ध मानी गई
कि राममन्दिर निर्माण हेतु मैंने चन्दे की रसीद नहीं कटाई

मैं गिरफ़्तार
मेरे पास तक नहीं फटका
किसी टीवी समाचार चैनल का कोई संवाददाता
किसी अख़बार का कोई पत्रकार

हालाँकि टीवी चैनलों पर छायी रही ब्रेकिंग-न्यूज़
अख़बारों में छपा
कि सुबह-सुबह मेरे घर छापा पड़ा

(24/08/2022)

ऐसी-वैसी

जैसे;
लू से हलकान कानों पर सूँड़ को मफ़लर बनाकर
ठंड से काँपता ग्लेशियर पर बैठा हाथी पी रहा है कोल्डड्रिंक

जूते का सूराख़ एक अँधेरी सुरंग जिसमें गुज़रती है साँसों की रेल

समय की दीवार पर खूँटी, खूँटी पर टाँगता हूँ बदबूदार संवेदनाओं की उतरनें

ऊँट बैठा ठूँठ पर जिसकी कूबड़ पर टँगा है अन्यमनस्क एक बादल अमनोज्ञ

आकाश की देह पर चाँद एक फोड़ा है बरसात जिसका फूटा मवाद

धरती के लोहे में लापता हैं द्वारहीन घरों की चाबियाँ
अयस्क की वादियों में विचरते हैं धातुओं के साँप

इन्द्रधनुष की गुलेल में फँसाकर जब आकाश
धरती की तशरीफ़ पर मारता है ओले
आकाश के प्रेम में ठंडी आह भरती है सिहरती है धरती

मेरी कविताओं के गमले में
ऐसे कितने ही ऊलजलूल
गुठलीहीन फलों के जुमले उपजते हैं

कहीं की ईंट कहीं का रोड़ा
क्षमा करना
मेरे पूर्वजों-पुरखों-वर्तमानियों
क्षमा करना मुझको
मैं कभी लिख नहीं सकता
कविता में
ऐसी चमत्कारी पंक्तियाँ!

(15/07/2021)

दौड़ो, ट्रैक्टर दौड़ो!

दौड़ो, ट्रैक्टर दौड़ो!
आज मुझको तुम पर नहीं आएगा ग़ुस्सा
नहीं होगी ज़रा भी कोफ़्त

आज चलो मेरे आगे-आगे
मुझको आज नहीं निकलना तुमसे आगे

आज क़तई झुँझ नहीं होगी मुझको
कि बारदाने से लिपटी तुम्हारी ट्राली ने
घेर ली है पूरी सड़क
मुझको दिखाई नहीं पड़ रहा आगे का रास्ता
आज ख़ुद को नहीं कोसूँगा
कि कहाँ-का-कहाँ फँस गया ट्रैक्टर के पीछे

दौड़ो
जमकर दौड़ो!
बेशक ख़ाली दौड़ो
परेड करो दिल्ली की सड़कों पर

आज मुझको सुगम संगीत-सी लगेगी तुम्हारी खड़-खड़
बहुत ज़रूरी है आज तुम्हारा दौड़ना
दौड़ो इसलिए दौड़ो कि आज तुम्हें
जड़ से उखाड़ फेंकना है सत्ता का अहंकार
पूँजीवाद-सत्ता का गठजोड़

हालाँकि मेरी यह अपील
होगी पर्यावरण के ख़िलाफ़
फिर भी मैं करूँगा और बार-बार करूँगा
कि इतना बुलन्द हो तुम्हारे साइलेंसरों का धुआँ
कि पहुँचे संसद के भीतर तक
कालिख़ पोत दे काले क़ानून बनानेवालों के चेहरे पर

स्याह कर दे कृषि-क़ानून का एक-एक पन्ना
आज पूरा देश चाहता है तुम्हारे पीछे रहना
तुम्हारी इस परेड के बाद दिखेगा
लोकतंत्र का चेहरा!

(किसान आन्दोलन के दौरान ट्रैक्टर-परेड)
(26/01/2021)

कुछ देरी से

यह रेलगाड़ियों के देरी से चलने का समय है
या उन्हें रद्द किए जाने का
स्टेशनों पर पसरा हुआ है सन्नाटा

यह समय है रेल की पटरियों के नीचे बने
अपने-अपने बिलों से चूहों के निकलने का
यात्रियों का फेंका हुआ अन्नकूट
कुट-कुट कुतरने का

और यही सबसे घातक समय है
कि चूहों के बिलों से बाहर निकलने की प्रतीक्षा में
प्लेटफ़ॉर्म के शेड पर दम साधे
बैठा हुआ है संडमुसंड कउओं का दल

देखते-देखते पटरियों पर उतरती है कउओं की तिर
और इतनी बढ़ने लगती है काँव-काँव

कि किसी को सुनाई नहीं देती मरणासन्न चूहे की अन्तिम आवाज़

निर्धारित समय से कुछ देरी से चल रही थी ट्रेन
दोस्त को विदा कर मैं लौट रहा हूँ घर की ओर...

(31/10/2021)

इन्द्र कुमार

बच्चा
बहुत प्यारा
बहुत मासूम बच्चा
प्यास से हलकान
विडम्बना देखिए कि नाम इन्द्र कुमार और जाति
मेघवाल

संभव है देखी हो उसने
सुराणा, सायली पूरे जालौर ज़िले की समूची माटी
पड़ी हो उसके नन्हे कानों में कभी
यह आवाज़
कि हम सब एक हैं भारतवासी
कि एक है इस देश की माटी
मुमकिन है उसने देखा हो कि बिना भेदभाव
प्रजापति कैसे गढ़ता है मटके-मटकी

कितना ख़ुश हुआ होगा
जब उसे एक-सी लगी होगी नदी की कल-कल

लहर-लहर खिलखिलाता पोखर-ताल
कूप में मुस्कराता जल

पता नहीं पी पाया था या नहीं
घूँट-दो घूँट जल
कि प्यासा ही चला गया सात समुन्दर हज़ारों नदियों
अनगिनत कुएँ-बावड़ी-पोखरों से भरी
इस दुनिया से

बहुत प्यारा
बहुत मासूम
मेघवालों का वंशज
इन्द्र कुमार!

(14/08/2022 रात्रि 8 बजे)

हत्याओं से बना मेरा घर

कितने घर उजड़े और हुईं हत्याएँ अनगिनत
मेरा घर बना है तब कहीं जा कर

यह जो मेरे घर की नींव में झर-झर झर रही है रेत
नदी के अस्थि-कण हैं ये
साक्ष्य हैं नदी की हत्या के
अब तो तय है नदी का गाद-गाद मरना

मज़दूरों के ईंट उठाते ही
चींटे-चींटियाँ कीट-पतंगे ये जो भाग रहे हैं तितर-बितर
अब ये कहाँ जाएँगे
विस्थापन के मारे!
और वो ग़ुस्सैल दुस्साहसी विषधर जो अलंगों से निकला था
फन फैलाकर
मेरे भूखंड को जिसने समझ लिया था बाप की जागीर
ढें बोल गया दो फावड़े और पड़ते ही एक सब्बल

यह तो महज़ शुरुआत है
अभी तो दरवाज़ों-खिड़कियों के लिए
पेड़ों की नृशंस हत्या बाक़ी है

फिर कितना आधुनिक कितना आकर्षक कितना प्राकृतिक बनाती हैं
हमारे बैठक कक्ष में लटकीं
पेड़ की मृत जड़ें

अभी तो बाक़ी है
चूना लोहा रंग-रोगन इत्यादि के लिए
खान-खदानों की हत्या

और रहूँगा जीवित जब तक
घर के नवीनीकरण के लिए
होती रहेंगी और भी हत्याएँ!

परिन्दों का आभार

अक्सर सोचता हूँ जहाज़ में बैठूँ और धरती के
इस छोर से उस छोर तक भरूँ एक लम्बी उड़ान
पर मेरी जेब ठन-ठन गोपाल

ऐसा सोचते ही मेरे आसपास पाँखी मँडराने लगते हैं
और अपनी मीठी ज़ुबान में कहते हैं;
बैठो, हमारी पाँखों पर बैठो!
और जी भर भरो मुफ़्त की उड़ान
आख़िर एक कवि का
होता है
कितना भार!

मैं दोनों हाथ जोड़ता हूँ और व्यक्त करता हूँ
पाँखियों का
आभार!

(18/08/2021)

मैंने फूल नहीं तोड़ा था

सुन्दरता और सुगन्ध का जीवन जीते-जीते
एक फूल शायद ऊब गया था
टूटकर गिर रहा था
पत्तियों पर अटक गया था
जीवन थोड़ा मुरझा गया था

हौले से उठाया और उसे
घर ले आया
थोड़ा-सा पानी छिड़का गुलदान में सजाया

फूल खिलखिलाया थोड़ा-थोड़ा
जिसे देखकर पूरा घर मुस्कराया

मैंने फूल नहीं तोड़ा था
गिरते फूल को थाम लिया था
और जीवन से थोड़ा
जोड़ दिया था

(10/01/2021)

झोंका हैं हवा के पाँव

हवा थमी-थमी-सी क्यों है
क्या थक गई है चलते-चलते

कोई बतलाए किधर हैं हवा के पाँव
होंगे जिधर भी
मैं सहला दूँगा हवा की पगथलियाँ
और कहूँगा—चलो, चलो ओ! हवा चलो
स्तब्ध खड़े हैं पेड़
पत्तियाँ उदास
फीकी पड़ रही है फूलों की मुस्कान

उठो और बढ़ाओ अपने पाँव
कि तुम्हारे पाँव ही झोंका हैं तुम्हारा
किसे नहीं है तुम्हारे एक
झोंके का इन्तज़ार

एक बच्चा
कब से मुंतज़िर है तुम्हारे पाँवों का
कि उसकी कटी पतंग
अटकी हुई है बिजली के तारों पर।

(16/01/2021)

कंकड़

पहाड़ का वंशज
चट्टान का अंश
रेत का अग्रज

जिसे उछाला था शान्त जल में
उछाला था नायिका के नितम्बों पर
पनिहारिन के बर्तन से टन्न-टन-टन
नायक का प्रेम-राग इसी ने सँवारा था

जिसे मटके में डाल प्यासे कौओं ने
जलस्तर बढ़ाया था

भवन बनाते मज़दूरों ने
रेत छानते समय
जिसे निकाल फेंका था बाहर

यह वो ही कंकड़ है जो फँस गया है
मेरे जूते में और चुभ रहा है मुझको
मेरी यात्रा में!

(24/01/2021)

एक पतंगा

इस लौह-स्तम्भ से उड़ता हुआ एक पतंगा
बुरी तरह टकराया है अभी-अभी

कुछ देर तड़पा शान्त हो गया
मुझे लगा शायद मर गया

लेकिन नहीं,
कुछ देर बाद उसमें हुई मामूली हलचल
अलटी-पलटी खाई पंख फैलाए कोशिश की उड़ने की
कई बार लुढ़का गश खाकर
फिर उठा और उड़ा कुछ देर
फिर उठा और उड़ा कुछ और दूर
फिर उठा और उड़ा अधिक देर
अधिक दूर

इस बार उठकर जो उड़ा तो पता नहीं
निकल गया कहाँ-का-कहाँ

कुछ देर बाद इसी लौह-स्तम्भ के आसपास
उड़कर आए कुछ वैसे ही पतंगे

पहचानना बहुत मुश्किल है कि शामिल तो नहीं इनमें
मौत से टकराकर जिसने अभी-अभी
सीखा है जीना
एक पतंगा!

(23/02/2021)

कवि का कारोबार

एक के बाद एक जब लोगबाग
उतारकर फेंक रहे थे सहजता-सरलता भाषा की तमीज़

मैं अपनी आत्मा के काँधे पर संवेदना की बोरी टाँगे
एक कबाड़ी की तरह बीनता रहा उन्हें
आनेवाली नस्ल के लिए
और किंचित कोशिश करता रहा
उन्हें काग़ज़ पर तरतीब से
पेश करने की

कि कभी हमारे पुरखे हुआ करते थे सहज-सरल सुभाषी

यह एक कवि का पारम्परिक कारोबार था
जो चलता था नये कारोबार के साथ

(09/06/2021)

निर्भयता एक ज़िद है

यह निर्भीकता ही है जिसने बेहद ज़िद्दी बनाया मुझको
अन्यथा इस भय से कि
मिट्टी धँसने से धराशायी हो जाता है घर
मैं घर ना बनाता कभी

यह जानते हुए कि अमूमन धँस जाती है सड़क
और मैं चलता हुआ समा सकता हूँ
धरती के अन्दर
इतना बेतुका ख़याल मुझे कभी नहीं आया
घर से निकलते समय

मैं देख चुका हूँ शिकारियों का सटीक निशाना
और आकाश में पक्षियों का मरना
मगर पक्षियों ने कब छोड़ा है
आसमान में उड़ना

निर्भयता एक ज़िद है
हर डर के विरुद्ध!

ऊष्म इबारत

आकाश का कोई सफ़ा पढ़ते-पढ़ते
पता नहीं रात
कब लग गई आँख

अलस्सुबह जगाया
शब्दों का माथा बाँधती
धूप की लकीरों ने

और भाषा की एक ऊष्म इबारत
भर गई भीतर तक!

(10 /01/2022)

ओ पनिहारिन!

ओ पनिहारिन
कितना अच्छा लगता है
अपने ब्रह्मांड पर तुम्हारा
जलपूरित घड़े का
सन्तुलन साधना
चलते-चलते तुम्हारा
थोड़ा डगमगाना

तुम्हारे रूखे होंठों पर
घड़े की चन्द बूँदों का झलकना
सचमुच, बहुत अच्छा लगता है
ओ पनिहारिन

ओ पनिहारिन
और तब, और भी अच्छा लगता है
एक पक्षी का उड़कर आना
और तुम्हारे घड़े में
चोंच मारकर फुर्र हो जाना!

(23/05/2022)

स्याही

शायद उन्हें नहीं पता कि स्याही
सिर्फ़ समय की इबारत लिखने के काम आती है
काग़ज़ पर लिखी जाए अथवा दीवार पर
फेंकी जाए किसी के चेहरे पर
कि छिड़क दी जाए किसी की उजली क़मीज़ पर
या कि उड़ेल दी जाए ज़मीन पर

स्याही गढ़ ही लेती है अपना मुहावरा अपनी भाषा
भाषाओं को दरकार होती है स्याही की
लेकिन स्याही
कभी मोहताज नहीं होती किसी भाषा की

उन्हें शायद पता नहीं कि एक कवि
नमक की खोज में निकला था
और रात ने उसे गिराया
स्याही के ताल में

और उन्हें तो यह भी पता नहीं कदाचित्
कि एक और कवि बहुत कुछ कहना चाहता है
लेकिन समय और स्याही
नहीं है उसके पक्ष में
बावजूद इसके वह बेइन्तिहा प्यार करता है
समय और स्याही से

(01/06/2022)

काष्ठलेखक* पर मृत्यु की आँच

पार्थिव शरीर पर रखी जा चुकी हैं लकड़ियाँ
और अब
दी जा रही है मुखाग्नि

यह जो काष्ठलेखक भटक रहा है
तेज़ धाव हाँफ रहा है
इन्हीं किसी लकड़ी में गुम
तलाश रहा है घर अपना

बस, थोड़ी ही दूर है इससे
मृत्यु की आँच

(06/07/2022)

* घुन

अप्रकाशित किताब

इस होटल के टैरेस पर बैठा
कुनकुनी धूप में
एक किताब पढ़ रहा हूँ अनाम रिश्ते की

सामने घर की छत पर
गीले कपड़े फटकार रही है एक स्त्री
फैला रही है अलगनी पर
पेटीकोट साड़ी चादर पति की पैंट-बुश्शर्ट

गीले कपड़ों की ओट से वह स्त्री क्यों
बार-बार मुझको देख रही है कनखियों से!
और पता नहीं किताब से पल-पल क्यों
हट रहा है मेरा ध्यान!

न प्रेम
न कोई कामना

न कोई उपासना
महज एक निष्कषाय आकर्षण स्त्री-पुरुष का

होंगी ऐसी असंख्य किताबें जो छप न सकीं कभी
अनाम रिश्तों की...

(जम्मू की एक सुबह की याद)
(02/11/2021)

हाथों की फ़िक्र से गुज़रते हुए

"कहीं ऐसा ना हो किसी दिन मैं
पूरी तरह लाचार हो जाऊँ अपने इन हाथों से"
मैं डॉक्टर को अपनी समस्या बता रहा हूँ

बता रहा हूँ कि फ़िलहाल इतनी-भर है कठिनाई
कि दाएँ-बाएँ और ऊपर की तरफ़
ठीक से उठा नहीं पा रहा हूँ दोनों हाथों को
हालाँकि थोड़ा मुश्किल होता है
फिर भी नहाते वक़्त खींच-तान कर
साबुन लगा ही लेता हूँ काँख-काँधे पर

बता रहा हूँ कि कठिनाई फ़िलहाल इतनी-भर है
कि अभी तो हो जाता हूँ
किसी तरह दाएँ-बाएँ
मगर किसी दिन अवांछित कोई हाथ
रखा गया मेरे काँधों पर
तो हटा नहीं पाऊँगा इन हाथों से

बता रहा हूँ कि कठिनाई फ़िलहाल इतनी-भर है
कि एक अँधियारा बादल गुज़र जाता है होकर
मेरे सर-काँधे से
पर डट गई पूरी अमावस मेरे माथ-स्कन्ध पर
तो धकेल नहीं पाऊँगा अपने हाथों से

लिखकर कुछ दवाएँ पर्ची पर मुझको देता है डॉक्टर
साथ यह हिदायत कि
"यह तो शुरुआत भर है कठिनाइयों की
लेकिन मुट्ठियाँ तानकर हाथों को ऊपर उठाओगे बार-बार
हाथों को फैलाओगे चारों तरफ़
तो किसी दिन
पूरी तरह लाचार हो जाओगे
हाथों से!"

(20/10/2020)

बीच का रास्ता

दोस्त बीच के रास्ते के बारे में कई बार समझाता है मुझको

अक्सर कॉफ़ी हाउस ले जाता है और पूरे इत्मीनान से समझाता है
जब वह समझा रहा होता है तब अक्सर
कॉफ़ी के प्याले से उठती भाप
उसके चश्मे पर जम जाती है
जिसे पेपर-नैपकिन से साफ़ करते हुए
वह कहता है सबसे मुफ़ीद होती है भाप
चश्मे के दाग़-धब्बे पोंछने के लिए

साफ़ किया हुआ चश्मा मेरी ओर बढ़ाता है और
कहता है इसे लगाकर देखो थोड़ी देर
बिलकुल साफ़ नज़र आएगा बीच का रास्ता तुम्हें

कितने ही संवेदनशील बहाने और छुपने को आढ़ें हैं
बीच के इस रास्ते पर;
कि रात से बहुत ख़राब है पत्नी की तबीअत
कि बुख़ार से तपती माँ ने आँखें नहीं खोली हैं तीन दिनों से

कि अभी-अभी हृदयाघात हुआ है पिता को और
बहुत ज़रूरी है तत्काल मेरा गाँव निकलना
कि घर से निकल ही रहा था कि सीढ़ियाँ उतरते
फिसल पड़ा और मुड़ गई दाएँ पाँव की ऐड़ी
ऐसे में बड़ा मुश्किल होगा कार का एक्सीलेटर दबा पाना

तुझमें सबसे बड़ी ख़ामी यह है कि तू घुटन-भरे
रिश्तों के मुख्य-मार्ग पर चलता है और जाम में फँस जाता है

तुझे फिर भी यक़ीन न हो तो, आज़मा कर देख लेना कभी
पलटकर तुझसे कोई नहीं पूछेगा
अब कैसी है तेरी पत्नी की तबीअत
माँ ने आँखें खोलीं कि नहीं
पिता को लगा कुछ आराम
अब कैसी है तुम्हारे पाँव की मोच

मैं दोस्त को उसका चशमा लौटाता हूँ
और कहता हूँ
निकट और दूरदृष्टि दोष से बुरी तरह ग्रस्त हैं मेरी आँखें
तुम्हारे चश्मे का नम्बर
क़तई फ़िट नहीं बैठ रहा है मेरी आँखों पर

(28/09/2022)

एक उम्मीद चमकती-सी

इस पॉश कॉलोनी के बच्चों के पास पूरी किट है क्रिकेट की
और फ़क़त उन्हीं के लिए है
इस कॉलोनी का यह क्रिकेट मैदान

उजाड़-सा दिखता यह बच्चा जो नियमित आता है
इसके मन में खिलता है क्रिकेट का वसन्त
उम्मीद की बारिशों से भीगने लगता है इसका मन
और हरियाने लगती है इसके सपनों की माटी

हालाँकि इसी कॉलोनी का हिस्सा है यह बच्चा
कॉलोनी के गेट से सटी झुग्गी में रहता है
पिता साहिबानों के कपड़े धोता है इस्त्री करता है
माँ करती है घर-घर चौका-बासन
इसके शरीर पर उतरनें हैं इन्हीं बच्चों की

और इसकी धमनियों में जो दौड़ रहा है रक्त
इसी कॉलोनी के रात के बासी खाने से बनता है

यह बच्चा इन हमउम्रों की दोस्ती चाहता है
क्रिकेट खेलना चाहता है इनके साथ
मगर दुत्कार दिया जाता है हर बार!

फिर?
उकड़ूँ बैठा रहता है मैदान से बाहर!

चमक उठती हैं इसकी आँखें
चौका-छक्का पड़ने पर किसी के क्लीन-बोल्ड होने पर
करतल ध्वनियों से स्वागत करता है
सीटियाँ बजाता है
ख़ुशी से उछल पड़ता है बार-बार

दोनों टीमों की तरफ़ रहता है यह उपेक्षित बच्चा

हाँ, मैदान से बाहर सड़क पर जैसे ही आती है बॉल
फ़ुर्ती से झपटता है और थ्रो इतना सटीक कि
सीधे बॉलर-विकेटकीपर के हाथों में

खेल ख़त्म होने पर घर लौटता है वैसे ही
जैसे पहुँचता है मैदान के पास;
हाथ को काँधे से पूरा घुमाता हुआ
कलाइयों को मोड़ता हुआ
जैसे डाल रहा हो मीडियम-पेस करा रहा हो स्पिन
और इतना पुरकशिश इसकी बल्लेबाजी का अन्दाज़
जैसे कोई महान बल्लेबाज उतर आया हो
उसकी देहभाषा में

उस दिन
उस पर बरसी थी नेमत सवाब से नहाई थी क़िस्मत

उसके अनुकूल बही हवाएँ
इस मैदान पर उतरा था पहली बार
एक खिलाड़ी के न आने पर

दो कैच-ऑउट और चार क्लीन बोल्ड
पहले ही ओवर में
और छह-की-छह बॉलों पर छह छक्के जड़कर
उसने कमर तोड़ दी थी विपक्षी टीम की

अगले दिन वह फिर दिखा मैदान से बाहर उकड़ूँ बैठा हुआ
हर शॉट पर ताली बजाता हुआ
सीटियाँ बजाता हुआ
किसी के आउट होने पर ख़ुशी से उछलता हुआ
सड़क से शानदार थ्रो करता हुआ

घर वापसी पर बॉलिंग और बल्लेबाजी की
उतनी ही सुन्दर मुद्राएँ अख़्तियार करता हुआ....

(06/09/2022)

यह मेरे नहाने का समय है

रोज़-रोज़ नहाते हो और थोड़ी
बारिश हुई नहीं कि सर छुपाने
मेरे पास चले आते हो

चले जाओ मुझसे दूर कहीं
मैं फिर कहता हूँ ढूँढ़ लो कोई बस-स्टॉप
तलाश लो आत्महत्या के बाद
किसी छोटे व्यापारी की उखड़े शटरवाली कोई दुकान
जा कर देखो तो सही
तुम्हें मिल सकता है सर छुपाने को
किसी के सपनों का उजड़ा कोई मकान

पर तुम चले जाओ मेरे साए से दूर
कि मेरे तन-बदन पर लिथड़ी हुई है धूल-मिट्टी
पक्षियों का शुष्क मल-मूत्र
उजार घोंसले रखे हुए हैं मेरी डगालों पर
जाते-जाते अपने पंख छोड़ गये हैं पाँखी इनमें

इनके दाग़-धब्बे उभर आएँगे
तुम्हारे उजले वस्त्रों पर

मैं सिर्फ़ बारिशों में नहाता हूँ और यह
मेरे नहाने-धोने का समय है

बारिशों में एक पेड़
मुझसे ऐसा कहता है

(01/07/2022)

जूली का बाग़

महकते थे मोगरा चम्पा मधुकामिनी जूही चमेली
खिलते थे सुर्ख़ गुलाब
जूली के बाग़ में

सहेलियों-सी बतियाती थीं रंगबिरंगी चिड़ियाँ
गिलहरियाँ जीमती थीं जूली के संग
एक ही थाली में
जूली के बाग़ में

इतना बौराया था आम पहली बार
तोता-मैना डाल-डाल पर चोंच लड़ाते
दिखे पहली बार
और इतना बरसा सावन उस सोलहवें साल
पानी से लबालब गड्ढे में
चुपके से खिला था
नीलकमल एक रात
जूली के बाग़ में

फिर तो आग-सी फैली यह ख़बर
एक शोला भड़का है
मूसलधार बारिश में
और भौंरे मँडराने लगे
जूली के बाग़ में

नीलकमल की बोली लगाने
सबसे पहले आया खूसट साहूकार
कहा बनिए के छोरे ने;
माँगो, जो चाहो मोल
कहो तो तौल दूँ सोने-चाँदी से!

सबसे बड़ी बोली लगाई ननके ठाकुर ने;
बिक जाए चाहे घर-द्वार लेकिन जूली!
अब से तुम्हारा यह बाग़
हमारा

उगने को तो उगा था बहुत कुछ
पर पनप नहीं पाया एक निगोड़ा
छुई-मुई का पौधा

बस, एक नाज़ुक-उम्र लतर
चढ़ती रही परवान घने शजर पर
जूली के बाग़ में

फिर इतना भयानक सूखा पड़ा एक बरस
और...

(27/04/2022)

आकाश से झड़प

रात आकाश से मेरी तगड़ी झड़प हो गई

गुनतारे में बैठा घर की छत पर
कुछ सोच रहा था
आकाश से ऊँचा
कि जलनखोर आकाश को यह बात हुई नहीं बर्दाश्त
मारने लगा ताना
कि "निठल्ले बैठे रहते हो
करते नहीं कुछ काम-धाम
नापते रहते हो मेरा क़द और बेवजह
गिनते रहते हो मेरे
तारे!"

सुनते ही खा गया मैं भी ताव—
"सुन बे ओ आकाश!
जहाँ तक है तेरे तारों का सवाल
तो चल! गिन कर दिखा मेरे सिर के बाल
मेरे शरीर का एक-एक रोआँ"

सुबह देखा तो एक भी बाल मेरा बाँका न था
जबकि ग़ायब थे आकाश के सारे तारे
थोड़ा छुपा हुआ था पहाड़ के पीछे
और चुल्लू-भर समुद्र में डूबा हुआ था थोड़ा
शर्म के मारे!

हमबिस्तर

सोफ़े पर पीठ टिकाई ही थी दोपहर का खाना खाकर
कि एक झोंके-सी वह आई सरकाते हुए अपना आँचल
उफ़! क्या ख़ूब थी वह कि उसका नशा
छाने लगा मुझ पर

"देखो! इस वक़्त तुम्हारे बच्चे भी नहीं हैं घर पर
और तुम्हारी पत्नी स्कूल में बजा रही है ड्यूटी
फिर नहीं मिलेगा इससे सुनहरा अवसर
चलो! हो लेते हैं दोनों
हमबिस्तर!"

हालाँकि मेरे समक्ष इसमें नहीं था वर्जित-अवर्जित का प्रश्न
फिर भी मैं हिचकिचाया अचकचाया थोड़ा
कहा—"फिर बड़ा मुश्किल होगा तुम्हारी बाँहों की जकड़न से मेरा छूट पाना!"
पता नहीं पत्नी कब आ टपके मारकर आधे दिन की छुट्टी
वैसे भी दिलफेंक कवियों पर
ज़्यादा भरोसा नहीं करती हैं पत्नियाँ

और फ़र्ज़ करो किसी तरह छूट गया मखमली इन बाँहों से तुम तो भाग खड़ी होओगी
मुझको छोड़ अस्त-व्यस्त दशा में

"क्या दिन में ही लगा लिए चार-पाँच पैग
कि गटक लिया भाँग का अंटा"
पत्नी कितने तो ताने मारेगी बार-बार पीटने के बाद
खुलने पर दरवाज़ा!

तुम आना गहराने लगे जब रात
पढ़ते-पढ़ते थक जाएँ मेरी आँखें
तुम आना जब किताब रख दूँ सिरहाने
टेबल-लैम्प की बत्ती बुझा दूँ तब आना तुम

लेकिन तुम्हारी पत्नी?
अरे छोड़ो उस अधेड़ की बात! करवट करके सोती है उधर
तो करवट लेती नहीं मेरी तरफ़
तुम आना कि हम मदहोश पड़े रहेंगे
एक-दूसरे की बाँहों में

शायद उस दोपहर
बहुत बुरा मान गई अपने मंसूबों पर पानी फिरने का
फिर वह नहीं आई
कई-कई रातों तक!

(02/09/2022)

प्रेम की परछाइयाँ

प्रेमिकाओं को उन दरवाज़ों पर दस्तक नहीं देना चाहिए
जहाँ रहते हैं
उनके प्रेम में जहान हार चुके
उनके प्रेमी

माना कि एकतरफ़ा था प्रेम और उन्होंने
प्रेमियों से कभी नहीं किया प्रेम

माना कि प्रेमी को समझने में कुछ भूल हुई और
भरोसा नहीं हुआ प्रेमियों पर
लगा कि वे छल रहे हैं उन्हें
प्रेमियों की इस बात का सरासर ग़लत अर्थ निकाला
कि प्रेम की होती है सबसे बड़ी यही अच्छाई
कि प्रेमी-प्रेमिका की बने एक ही परछाईं

आव देखा न ताव और उन्होंने
प्रेमियों के मुँह पर बंद कर दिया दरवाज़ा
और प्रेमिकाएँ अक्सर भूल जाती हैं कि

प्रेम-द्वार के दोनों तरफ़
होती हैं कुंडियाँ

हालाँकि अच्छी तरह जानती हैं प्रेमिकाएँ
कि घाव भरते ही हारा हुआ और मरणासन्न राजा
हासिल कर ही लेता है आत्मविश्वास और सैन्य बल
जीत ही लेता है खोया हुआ साम्राज्य
लेकिन ऐसा होता नहीं प्रेमियों के साथ

प्रेम में हारे प्रेमी की
कभी नहीं बनती कोई परछाईं
कि जिसे वे छू सकें और जिसमें छुप सकें
कि प्रायश्चित में, भीतर ही भीतर
धँस रही हैं प्रेमिकाओं की बादामी आँखें
आलू-ककड़ी की परतें और नीबू-मलाई रगड़ने पर भी
नहीं मिट रही आँखों की कालिख
कि काला पड़ रहा है देह का संगमरमर
धीरे-धीरे दरक रही है उम्र की रेत
कि सालों से उदास पड़े सितार के झूलते तारों पर
फिर नहीं बजती नई सरगम और अक्सर
तार टूट जाते हैं कसने की कोशिश में

चेहरे की बढ़ती झाँइयों में बहुत मुश्किल होता है
तलाशना
प्रेमियों की परछाइयाँ

(22/02/2022)

यादों की पाठशाला

लगन के कच्चे पढ़ाई में लुच्चे
बात के टुच्चे दिखने में उचक्के
यूनीफ़ॉर्म के नाम पर बनियान-कच्छे
ऐसे हैं मेरे गाँव के सरकारी स्कूल के बच्चे

औचक आएँ मंत्री कलेक्टर तो
कच्छे से बाहर निकलकर
शिक्षा-व्यवस्था की फटी टाट-पट्टी की लाज
ढकते हैं इन्हीं के नग्न पुट्ठे

क़िस्म-क़िस्म की वक्रताओं से बार-बार
लोहा लेती है इनकी ठस्स बुद्धि
कर पाती है कुछ ही सवालों का लोहा सीधा
कि बीत जाता है पूरा सत्र
और ये अढ़ाई कोस ही चल पाते हैं रात-भर

भारी-भरकम सवालों के उठा पाते हैं
बहुत मामूली कामचलाऊ हल

इसीलिए अलाल और मक्कार बैल जैसे
संबोधनों से नवाजे जाते हैं
मास्साब की बेमुरव्वत बेंतों पर
चिपकी मिलती है इन्हीं की उधड़ी हुई खाल

तीसरा दर्जा तो कभी पूरक अथवा
कृपांक के मुआवज़े पर लड़खड़ाता
लुढ़कते-लुढ़कते बच जाता है इनका साल
इतने ढीठ और निर्लज्ज होते हैं ये
कि माँ-बाप कहते हैं कुढ़ते-कुढ़ते
कि इससे तो अच्छा है तू मर जा कहीं जाकर
पर फ़ेल होने पर ये नामुराद
कभी नहीं करते आत्महत्या

गज-भर पढ़ाई-लिखाई की इनकी परती ज़मीन पर
नहीं फेरा जाता एक्स्ट्रा-क्लासेज का पानी
शाबासी की खाद, इनकी पुलक के आसपास निदाई-गुड़ाई
नहीं छिड़का जाता तिकड़मों का कीटनाशक
लिहाजा बीता-भर ही निकल पाती है
इनके अंकों की फ़सल
टीवी चैनलों पर नहीं लहराती नहीं छपती अख़बारों में
इनकी खिलखिलाती गदगदाती तस्वीर

'शिक्षा के समान अधिकार' के इस वाक्य में
असमानताओं की कितनी ही कहानियाँ हैं—
दीयों में तेल अभी बाक़ी है
हवा का झोंका है
बुझती हुई बातियाँ हैं!

पिता का घर

मेरे बच्चो!
मेरे पिता की तरह मैंने
कोई घर नहीं बनवाया तुम्हारे लिए

हालाँकि बड़े अचरज से देखते रहे तुम
चिड़े-चिड़ी को घोंसला बनाते
और घर की धुन गाता मस्त मलंग पतंगा
मुँह में मिट्टी दबाए एक घर तामीर करता रहा
कैप्सूलनुमा
टकटकी बाँधे चींटे-चींटियों का बामी बनाना
तुम देखते रहे मकड़ियों का जाल बुनना
चूहे का बिल खोदना मिट्टी उलीचना

कभी कहीं जाते मेरे साथ तो अचानक
ठिठक जाते किसी घर के सामने देखते मेरा चेहरा;
"इतना भव्य इतना प्यारा कब बनेगा हमारा घर पापा!"

और किसी पॉश कॉलोनी की किसी चुनिंदा जगह पर
तुम दंग रह जाते यह देखकर कि क्यों
इतना उजाड़ खँडहर हुआ पड़ा है
इतना आलीशान यह मकान!

कि अब अदालती हो चुकी है भाई-बहनों की अदावत
और जब-जब होती है मुक़दमे की पेशी
एक पिता के बलिदान और बच्चों के लिए सँजोये
किसी स्वप्न की कहीं दरकती है एक दीवार
और धड़ाम गिरता है किसी हिस्से का प्लास्टर

अब तो वाक़ई मुश्किल है इस शानदार मकान के
खिड़की-दरवाज़ों और दीवारों के चहकते
सब्ज़ रंगों की गुज़श्ता पहचान

मेरे बच्चो!
मेरे पिता की तरह मैंने
कोई घर नहीं बनवाया तुम्हारे लिए
किंतु मेरे पिता के न रहने के बाद जैसे
अपने पिता के घर
दुआएँ बनकर आती हैं तुम्हारी बुआएँ
जैसे मेरी बेटियाँ आती हैं
अपने पिता के घर
वैसे ही इस घर में, आती रहें तुम्हारी बेटियाँ भी
अपने पिता के घर

मेरे बच्चो!
मेरे पिता की तरह मैंने

कोई घर नहीं बनवाया तुम्हारे लिए
मगर एक पिता का घर बचाया है
तुम्हारे लिए...

(06/12/2021)

पिता के चेहरे पर उजड़ा हुआ पार्क

इस घर के भूखंड पर खड़े होकर पिता ने
सबकुछ सोचा था

सोचा था सुन्दर-सा बड़ा पार्क होगा घर के सामने
कुछ क़दमों पर बाज़ार
दो किलोमीटर के फ़ासले पर अस्पताल
दस मिनट में पहुँचा जा सकता है बस-अड्डे रेलवे-स्टेशन
होने पर बस-ऑटो की हड़ताल
पैदल आया-जाया जा सकता है इन जगहों पर
मीलों पैदल चल चुके पिता ने
सब कुछ सोचा था इस घर के भूखंड पर खड़े होकर
फूले नहीं समा रहे थे
घर बनवाते समय

बच्चों को बेहतर तालीम दिलाते समय
पिता ने सोचा था एक-न-एक दिन
बच्चे भी लग जाएँगे नौकरी-पानी से
उन्हीं की तरह

एक दिन अचानक पार्क के माली को हटाया गया
सबसे पहले घास मुरझाई, फिर पेड़ हुए उदास
सबसे पहले चोरों ने पार्क की फेंसिंग चुराई
जिसकी रिपोर्ट किसी ने नहीं लिखाई
चिड़ियों ने गीत गा-गाकर
कई दिनों तक कोशिश की
उदास पेड़ों को मनाने की

लेकिन एक रात पेड़ों से ऊँचा
खड़ा हो गया मोबाइल टावर दैत्याकार
चिड़ियों ने आना और गाना बंद किया मृत्यु के भय से

एक उजड़ा हुआ पार्क मैंने पहली बार
देखा था पिता के चेहरे पर

कितनी ही बार छूटी रेल-मोटर
यातायात में अटके पिता की

और घर से अस्पताल की यह छोटी-सी दूरी
योजन कोस में बदल गई थी भीड़ के समन्दर में
हिचकोलें खाती एम्बुलेंस में
पिता ने ली थीं अन्तिम साँसें

डिग्रियाँ नहीं, अन्ततः बच्चों के काम आई
बैंक-लोन के लिए इस घर की रजिस्ट्री
अलग-अलग कमरों में खुलीं
बच्चों की अपनी-अपनी दुकानें

एक दिन
घर में घुस आएगा पूरा बाज़ार गड़ेदम
इस घर के भूखंड पर खड़े पिता ने
सब कुछ सोचा था घर बनवाते समय
बस! यह नहीं सोचा था।

(16/10/2020)

पिता-सा सुन्दर

अपने पिता से कहीं ज़्यादा सुन्दर था वह
चाकलेटी फ़िल्मी अभिनेता-सा नवनीत चेहरा
रुई की मानिंद मुलायम हाथ चाँदी जैसे उजले पाँव
सेबफल बोल दें तो हर्ज नहीं, ऐसे कपोल
घर से कार और कार से दफ़्तर तक
सब वातानुकूलित

मगर एक फाँस थी जो हरदम चुभती थी उसे
कि पिता से उसके नाक-नक़्श यूँ तो मिलते हैं बहुत कुछ
क़द भी पिता से ऊँचा
लेकिन वह हो न सका
पिता-सा सुन्दर

मसलन, पैदल चलते पिता को काला ढाँढ कर दिया था
आग उगलते सूरज ने

पर सूरज को उन्होंने कभी नहीं दिया उलाहना
बल्कि नमस्कार करते रहे सिर झुकाकर

जीवन-भर
जाड़ों में बनियान बुश्शर्ट और फटी स्वेटर का पीठ का हिस्सा कर लेते थे
छाती पर
परस्पर हथेलियाँ रगड़कर कान सेंकते
और बड़ी गर्मजोशी से कहते ठंड का वार
कभी नहीं चलता ढकी छाती पर
गुदड़ी ज़्यादा गर्म होती है तीन-तीन रजाइयों के बनिस्बत
पुराने छाते के सूराख़ों से सलग गिरती बारिश की धार
किन्तु तरबतर पिता इस बात पर ख़ुश रहे सदा
कि कुछ न होने से बेहतर है, कुछ होना
सिटी बस के पायदान पर पाँव रखते-रखते
हर बार ख़ुद को रोक लेते और
हाथों में मेथी या पालक की गड्डी लिए
चप्पल फटकारते पिता घर लौट आते मुस्कराते हुए

पर उसे बार-बार खोट नज़र आती अपनी सुन्दरता में
हालाँकि उसे कितना तो समझाया भाई-बहन दोस्तों ने
समझाया कि बाप से बढ़कर होता है बेटा
कि वह कहीं ज़्यादा सुन्दर है उसके पिता से
लेकिन हर बार ठंडी साँस छोड़ता वह और कहता
पपीते का बीज पपीते का बीज होता है
और काली मिर्च का दाना
काली मिर्च का

(25/07/2022)

उतरते दिसम्बर की एक सुबह

उतरते दिसम्बर की एक सुबह है यह
आकाश उतर आया है धरती पर जैसे
पात-पात झिलमिला रहे हैं ओस के तारे

इठला रही है पीली सरसों और ऐंठन पर है
मटर-चने की गाँठ
फूल मना रहे हैं अपना उत्सव

पिता तो पिता है आख़िर
कि अन्न का पिता है किसान
गर्व से घूम रहा है खेत इस ठिठुरन में
छाती तान
कि किलोर रही हैं गेहूँ के गर्भपत्र में बालियाँ
जन्मातुर उसकी संतान

उतरते दिसम्बर की यह सुबह चैत की प्रतीक्षारत है—
ओसारे में पड़े मूँग
अँकुआने को देख रहे हैं
पिता का चेहरा!